RÉPUBLIQUE FRANÇAISE.

MINISTÈRE DE LA GUERRE.

Direction de la Cavalerie; Cabinet du Directeur.

Instruction sur les courses et cross-country militaires.

Document abrogé en totalité : *Instruction sur les courses et cross-country militaires n° 413 4/2 T du 31 janvier 1921.*

Classement à l'édition méthodique : *Volume 55¹, page 33 (en bas de la page aux lieu et place de l'instruction du 31 janvier 1921 abrogée).*

N° 3576 4/2 T.   Paris, le 21 décembre 1921.

Les courses militaires développent dans l'armée la hardiesse, le sang-froid, le goût du risque, le mépris du danger, l'esprit de lutte. Elles exigent, en outre, une pratique constante du cheval, une connaissance approfondie de ses aptitudes et de ses moyens.

Pour ces raisons, la course constitue le sport parfait du cavalier et on ne saurait trop en encourager la pratique dans les limites que comportent les exigences du service.

Toutefois, en raison du milieu dans lequel les courses militaires se déroulent, elles sont soumises aux aléas et aux risques des courses publiques; aussi, doivent-elles être l'objet, de la part du commandement, d'une surveillance constante et rigoureuse.

Il appartient également aux généraux et chefs de corps de limiter et même de supprimer les autorisations dès que la manière de servir des officiers et des sous-officiers paraîtrait en souffrir.

TITRE Ier.

AUTORISATIONS.

Autorisation d'engagement.

Article 1er. Tout cheval inscrit sur les contrôles de l'armée ne pourra être engagé que dans des courses militaires, sauf exceptions prévues à l'article 3.

Courses.

L'autorisation d'engager dans une des épreuves prévues par la présente instruction un cheval inscrit sur les contrôles de l'armée est accordée par le chef de corps et sous son entière responsabilité.

Les chefs de corps doivent s'assurer que les chevaux engagés sont dans un état de préparation suffisant et qu'ils remplissent les conditions de la course et celles énumérées à l'article 12 de la présente instruction.

Les autorisations accordées doivent donc concerner seulement des cavaliers et des chevaux susceptibles de se présenter aux différentes épreuves publiques dans de très bonnes conditions.

Autorisation de prendre part aux courses.

Article 2. Les chefs de corps statuent sur les autorisations qui leur sont demandées par les militaires sous leurs ordres pour prendre part aux courses prévues dans la présente instruction.

Les officiers pourront être autorisés par les chefs de corps à prendre part à des courses non militaires. Mais ils n'y pourront figurer qu'en tenue civile et sans faire mention de leur qualité d'officier.

Les sous-officiers et hommes de troupe ne peuvent prendre part à aucune course non militaire.

Toutefois, il reste entendu que les gradés ou hommes de troupe pourvus d'une licence de jockey antérieurement à leur incorporation peuvent, dans certains cas spéciaux, avec l'autorisation de leur chef de corps, monter en course lorsqu'ils sont en position d'absence régulière (permissions ou congés) d'une certaine durée, sous réserve d'accomplir les formalités d'usage auprès de la Société des steeple-chases de France.

Epreuves non prévues dans la présente instruction.

Article 3. Le Ministre se réserve d'accorder aux officiers l'autorisation d'engager des chevaux inscrits sur les contrôles de l'armée dans des épreuves spéciales et non prévues par la présente instruction.

Le Ministre se réserve également d'accorder aux officiers l'autorisation d'engager, dans ces mêmes épreuves, des chevaux non inscrits sur les contrôles de l'armée toutes les fois que, pour être admis à engager, le propriétaire devra faire mention de sa qualité d'officier.

Le Ministre statuera sur les demandes d'autorisation qui lui seront adressées par les officiers pour prendre part à des courses à l'étranger.

Les demandes d'autorisation visant l'engagement et la participation à ces épreuves sont adressées au Ministre (Direction de la Cavalerie; Cabinet), dans la forme prescrite par le modèle n° 1.

TITRE II.

PROGRAMMES. — SUBVENTIONS.

Approbation des programmes de courses.

Article 4. Tout programme comprenant une ou plusieurs courses militaires (steeple-chases : 1re, 2e, 3e série; 1re, 2e, 3e série *bis*; cross-country : catégories A et B; 1re, 2e, 3e série et séries *bis*) devra, deux mois au moins avant la course, être soumis par la société qui l'aura établi, à l'approbation, par délégation du Ministre, de l'autorité militaire qualifiée : général commandant l'armée française du Rhin; général, résident général de France au Maroc; général, haut commissaire de la République en **Syrie**, commandant en chef l'armée du Levant; généraux gouverneurs militaires de Paris, Lyon, Strasbourg, Metz; généraux commandant les régions et la division d'occupation de Tunisie.

Tout programme comprenant un steeple-chase hors série, hors série *bis*, ou un cross-country hors série, devra être soumis deux mois au moins avant la course, par la société qui l'a établi, à l'approbation du Ministre (Direction de la Cavalerie; Cabinet).

Les autorisations seront notifiées, par les soins des autorités qui les auront accordées, à la Société des steeple-chases de France (10, rue Treilhard, Paris, 8e arrondissement).

Allocation de subventions.

Article 5. Une subvention pourra, dans les limites des crédits votés annuellement, être accordée aux sociétés de courses qui organiseront, pour sous-officiers, un steeple-chase militaire ou un cross-country.

Les demandes de subvention devront être adressées au Ministre deux mois au moins avant l'époque de la course.

TITRE III.

COMMISSAIRE MILITAIRE.

Désignation et fonctions du commissaire militaire.

Art. 6. Un commissaire militaire appartenant à une arme montée, officier supérieur autant que possible, ou à défaut capitaine, choisi avec soin parmi les plus compétents en matière de courses, sera désigné par l'autorité militaire qualifiée pour être adjoint aux commissaires des courses, dans chaque localité où auront lieu des réunions comprenant une ou plusieurs courses militaires.

Le nom du **commissaire militaire**, son grade, son affectation, sont communiqués, en temps utile, à la société intéressée.

Les programmes et les parcours des courses militaires devront être communiqués, huit jours avant l'épreuve, au commissaire militaire, qui s'assurera qu'ils sont conformes aux prescriptions de la présente instruction et au code des steeple-chases et au règlement de la Société des steeple-chases de France.

Dans la négative, il invitera la société intéressée à modifier son programme ou ses parcours conformément aux instruction, code et règlements précités.

Pendant les courses, le commissaire militaire veille à la stricte exécution des prescriptions de la présente instruction, mais il ne doit pas remplir les fonctions de starter ou de juge à l'arrivée.

En principe, les fonctions de commissaire militaire seront remplies à Paris par l'écuyer en chef de l'Ecole supérieure de guerre; à Saumur, et dans les localités où courent des chevaux appartenant à l'Ecole de cavalerie, par l'instructeur en chef d'équitation de cette école ou un capitaine instructeur d'équitation délégué; à Fontainebleau, par l'instructeur en chef d'équitation de l'Ecole d'artillerie ou un capitaine instructeur délégué.

Les fonctions de commissaire militaire dans une réunion de courses ne pourront pas être remplies par un officier qui aurait un cheval engagé ou qui monterait lui-même dans une épreuve militaire de cette réunion.

Nombre et dimensions des obstacles. — Service sanitaire.

Article 7. Le commissaire militaire s'assurera que, dans les courses militaires, sur tous les hippodromes, les obstacles devront avoir une largeur minima de 12 mètres d'un poteau à l'autre et une hauteur minima de : 1 mètre pour les claies (inclinaison de 3° par rapport au fil à plomb); 1^m,05 pour les haies; 0^m,90 pour les murs en terre ou en pierre.

Les obstacles en largeur (rivière, douve, etc...) devront avoir une largeur minima de 2^m,70.

Les prescriptions des deux derniers paragraphes ne sont pas applicables aux obstacles naturels ni à ceux dont il n'est pas fait mention.

Les parcours de cross-country devront être tracés en dehors des pistes habituelles, sur lesquelles au total 1.000 mètres environ pourront être utilisés pour le départ et l'arrivée.

Les parcours de cross peuvent ne pas être déterminés d'une façon continue par des drapeaux et poteaux, mais, toutes les fois qu'il y aurait lieu de déterminer sur le parcours un point de passage ou un obstacle à franchir, ces indications devront être faites au moyen de deux drapeaux ou poteaux.

En principe, lorsque le nombre des partants sera supérieur de quatre unités au nombre de mètres que comprend le front des obstacles, les sociétés pourront être invitées à dédoubler l'épreuve.

Le premier obstacle sera toujours une haie ou une claie. Il sera placé à une distance minimum de 250 mètres du point de départ.

Le nombre et la nature des obstacles seront déterminés conformément aux dispositions contenues dans le code des steeple-chases.

Le commissaire militaire doit veiller tout particulièrement à ce qu'un service sanitaire suffisant et autant que possible un service vétérinaire soient organisés sur l'hippodrome même par les soins de la société de courses.

Si ces différentes dispositions ne sont pas observées, le commissaire militaire ne doit pas hésiter à interdire aux officiers et sous-officiers de prendre part aux épreuves projetées.

Surveillance de la tenue.

Article 8. Le commissaire militaire est responsable, vis-à-vis de l'autorité supérieure, de la discipline militaire sur le champ de courses, de la conduite et de la tenue des officiers et des sous-officiers prenant part aux courses et des cavaliers ordonnances qui accompagnent les chevaux.

Dans les localités où il n'y a pas de garnison, il surveille également la tenue de tous les militaires paraissant à un titre quelconque sur le champ de courses.

Le commissaire militaire doit interdire de prendre part à la course à tout officier ou sous-officier qui ne se présenterait pas au départ dans une tenue réglementaire et correcte. Il a pleine autorité pour faire quitter le champ de courses à tout militaire se signalant par une tenue incorrecte ou irrégulière. Il signale au besoin, dans son procès-verbal, les mesures qu'il a cru devoir prendre (1).

La tenue réglementaire bleue (2) est de rigueur. Bottes ou jambières noires ou fauves. Képi distinctif d'arme à galons métal.

Réclamations et contestations.

Article 9. Le commissaire militaire juge toutes les réclamations et constestations relatives à l'application des prescriptions de la présente instruction. Il peut s'adjoindre, s'il le juge nécessaire, les commissaires de la société locale.

Les autres questions sont jugées, conformément aux prescriptions du code des steeple-chases, par le commissaire militaire et deux des commissaires de la société locale.

Lorsque l'importance d'une des questions dont le règlement rentre dans leurs attributions leur paraît l'exiger, et que cette question n'appartient pas à la catégorie de celles qui doivent être jugées, avant le signal indiquant la fin du pesage qui suit la course, les commissaires ont la faculté d'en déférer le jugement aux commissaires de la Société des steeple-chases de France.

S'il se présente une question dont le règlement ne rentre pas dans leurs attributions, les commissaires doivent en saisir, par un rapport écrit, les commissaires de la Société des steeple-chases de France.

Dans ces deux cas, le commissaire militaire en rend compte au Ministre dans son procès-verbal (modèle n° 2).

---

(1) Le port de la culotte blanche n'est admis que sur une autorisation spéciale du commissaire militaire et uniquement en cas de force majeure (par exemple, lorsqu'un officier vient de prendre part à une course civile et qu'il n'a pas eu le temps de se changer).

(2) Ou kaki, ou de la couleur spéciale des chasseurs à pied.

Etablissement et envoi du procès-verbal.

Article 10. Après la réunion, le commissaire établit, pour chaque course militaire, steeple ou cross, un procès-verbal (modèle n° 2) qu'il transmet au Ministre par la voie hiérarchique sous le timbre : Direction de la Cavalerie, Cabinet.

Frais de déplacement du commissaire militaire.

Article 11. Les frais de déplacement des commissaires militaires seront calculés au taux de l'indemnité de route réglementaire.

L'officier désigné pour remplir ces fonctions recevra, quand il y aura lieu, en sus de l'indemnité de route réglementaire, une indemnité spéciale pour son transport de la localité où il se rend jusqu'au champ de courses.

Ces deux indemnités sont à la charge des sociétés de courses, qui seront tenues d'en verser, par avance, le montant entre les mains du trésorier du corps auquel appartient l'officier.

Les sommes versées seront inscrites par le trésorier au carnet des « fonds divers », chapitre « Avances aux officiers ».

TITRE IV.

CONDITIONS. — ENGAGEMENTS. — FORFAITS.

Conditions à remplir par les chevaux.

Article 12. Les courses militaires prévues dans la présente instruction seront courues exclusivement par des chevaux appartenant à l'Etat et montés par des officiers en activité de service (1), à l'exclusion des officiers en congé, ou par des sous-officiers de l'armée active.

Ces chevaux doivent remplir les conditions suivantes :

1° Etre âgés au moins de 5 ans, s'ils sont de pur sang anglais, de pur sang arabe, de pur sang anglo-arabe, de race barbe ou issus du croisement d'un sujet de cette dernière race avec un che-

---

(1) Les officiers de réserve et de l'armée territoriale accomplissant une période d'instruction ou un stage doivent être considérés comme étant en activité de service.

Courses.　　　　　　　　　　　　　1..

val ou une jument de pur sang anglais, arabe ou anglo-arabe; de 7 ans, s'ils sont de demi-sang (1);

2° Etre inscrits depuis trois mois au moins sur les contrôles comme propriété de l'Etat;

3° Avoir été entraînés en dehors de toute collaboration étrangère à l'armée.

On doit, en particulier, entendre par là :

Interdiction pour tout cheval militaire à l'entraînement :

D'être placé chez toute personne munie d'une autorisation d'entraîner (2);

De galoper avec des chevaux étrangers à l'armée, sauf si ceux-ci sont propriété personnelle d'un officier en activité de service et présent sous les drapeaux;

D'être monté à l'entraînement par tout cavalier autre qu'un cavalier militaire.

Interdiction d'avoir recours, pour l'entraînement des chevaux militaires, à l'aide matérielle de tout professionnel, entraîneur ou jockey.

Par contre, l'usage des pistes publiques et privées est autorisé pour galoper les chevaux militaires à l'entraînement.

Tout cheval qualifié pour les steeple-chases hors série pourra gagner deux de ces épreuves : la première, soit à Auteuil, soit sur un hippodrome autre que celui d'Auteuil; la seconde, obligatoirement à Auteuil ou à Wiesbaden.

Tout cheval ayant gagné un steeple hors série ne pourra plus courir en cross-country militaire. Tout cheval ayant gagné un steeple de 2e ou de 1re série ne pourra pas courir en cross de 3e série.

Tout cheval ayant gagné un cross hors série ne pourra courir en steeple que dans les steeple hors série. Tout cheval ayant gagné un cross de 2e ou de 1re série ne pourra pas courir en steeple de 3e série.

Le gagnant de deux steeple-chases militaires hors série ou

---

(1) Sont qualifiés de demi-sang : les produits issus d'étalons nationaux, approuvés ou autorisés, dont les certificats d'origine délivrés par l'administration des haras ou visés par elle, attribuent la qualité de demi-sang à l'un au moins de leurs ascendants.

Après examen du service des haras, les produits issus des croisements d'animaux de trait avec des animaux de pur sang.

(2) Les officiers en activité de service et présents sous les drapeaux ne rentrent pas dans cette catégorie.

l'un steeple-chase militaire hors série *bis* ou d'une somme supérieure à 30.000 francs en courses publiques à obstacles autres que des courses militaires est exclu de toute course militaire.

Tout steeple-chase ou cross-country militaire interallié ou international est considéré comme une course publique à obstacles autre qu'une course militaire.

Engagements. — Forfaits.

Article 13. Les engagements ne comportent aucune entrée, mais un forfait de 10 francs pour les 1res et 2es séries (steeple et cross), 20 francs pour les hors série (steeple et cross), s'il n'a pas été déclaré par lettre à la Société des steeple-chases de France quatre jours avant celui fixé pour la course.

En *France*, les engagements concernant les épreuves de sous-officiers sont adressés à la société locale intéressée.

Les engagements concernant les épreuves d'officiers sont tous adressés à la Société des steeple-chases de France.

Pour les courses d'officiers, lorsqu'un cheval sera engagé pour la première fois, il y aura lieu :

a) De déposer à ladite Société, quatre jours au moins avant l'engagement, la copie de son certificat d'origine, faute de quoi l'engagement pourra être refusé;

b) D'adresser à cette Société un engagement conforme au modèle n° 3.

Pour les engagements suivants, il y aura lieu d'envoyer à la Société un engagement conforme au modèle n° 3 *bis*.

Si le cheval a été acheté par l'Etat sans certificat d'origine, le détenteur du cheval adressera au commissaire de la Société des steeple-chases de France une demande de dispense du dépôt visé au paragraphe précédent.

Il devra joindre à cette demande :

a) Une copie du livret matricule, certifiée par le chef de corps;

b) Un certificat de vétérinaire du corps donnant le signalement détaillé du cheval;

c) Les attestations et reconnaissances d'après photographies, faites par les propriétaires successifs, dont les signatures auront été légalisées;

d) Tous les renseignements pouvant permettre d'en faire constater la provenance et l'identité avant de décider son inscription.

sur la liste des chevaux susceptibles d'être valablement engagés.

L'état modèle n° 3 ou 3 *bis* constitue la pièce d'engagement pour tous les chevaux prenant part à des courses militaires.

Toutes les pièces précitées devront porter le visa du chef de corps ou de service.

En *Algérie-Tunisie*, au *Maroc*, au *Levant*, tous les engagements (officiers et sous-officiers) sont adressés à la société locale intéressée. Il en est de même des forfaits : 10 francs (20 francs pour les hors série *bis*), s'ils n'ont pas été déclarés par lettre six jours avant la course.

Un officier ou sous-officier peut engager plusieurs chevaux dans la même course, mais il ne peut en faire partir qu'un.

Conditions spéciales aux sous-officiers.

Article. 14. Les sous-officiers ne pourront être autorisés à courir que dans leur garnison ou dans les localités situées dans un rayon de 150 kilomètres de leur garnison (1). Les déplacements ne donneront droit à aucune indemnité.

Les sous-officiers du cadre des diverses écoles militaires ne pourront courir qu'entre eux : des épreuves spéciales leur seront réservées.

Condition spéciale pour les concurrents n'ayant pas gagné deux courses.

Article 15. Tout concurrent (officier ou sous-officier) n'ayant pas gagné deux courses (militaires ou civiles) recevra deux kilogrammes.

Pour les officiers, pourront seuls prendre ces décharges ceux qui auront été inscrits sur leur demande, par les commissaires de la Société des steeple-chases de France, sur la liste publiée au bulletin des steeple-chases. Tout officier ayant déjà gagné une course devra en faire mention dans sa demande.

---

(1) Exception faite pour les sous-officiers d'Algérie-Tunisie (voir article 19).

TITRE V.

COURSÈS **MILITAIRES.**

Conditions générales.

Article 16. Les courses militaires comprennent :

1° *Steeple-chases* (1) :

3ᵉ série pour les sous-officiers;
2ᵉ série
1ʳᵉ série   } pour les officiers.
Hors série

2° *Cross-country* :

a) Catégorie A. { 3ᵉ série pour les sous-officiers; 2° série 1ʳᵉ série } pour les officiers.

b) Catégorie B. { 3ᵉ série pour les sous-officiers; 2ᵉ série 1ʳᵉ série } pour les officiers.

c) Catégories A et B : hors série pour les officiers.

3° *Courses plates :*

Des courses plates, en principe interalliées, pourront être éventuellement organisées.

Ces courses constituent une exception et leur organisation fera l'objet d'une circulaire particulière.

4° *Courses spéciales à l'Algérie-Tunisie :*

3ᵉ série *bis* pour sous-officiers;
2ᵉ série *bis*
1ʳᵉ série *bis*   } pour officiers.
Hors série *bis*

Des cross-country *bis*, qui feront l'objet d'une circulaire spéciale.

---

(1) En plus des épreuves prévues, il y a lieu d'envisager l'organisation de steeple-chases internationaux ou interalliés dont les conditions seront réglées par circulaire ministérielle.

Conditions spéciales pour certains steeple-chases militaires
et cross-country.

Article 17. Les chevaux de la catégorie carrière et manège ne sont pas admis aux steeple-chases et cross militaires, sauf les exceptions suivantes :

a) *Steeple-chases.* — Les steeple-chases militaires se courant sur les hippodromes de Verrie; Angers, Chinon, La Flèche, Beaugé, Varrains, Longué, Durtal et Seiches, sont également ouverts aux chevaux de carrière et de manège de l'Ecole de cavalerie montés par des officiers suivant les cours de l'Ecole. Ceux qui se courent sur l'hippodrome de Fontainebleau sont ouverts aux chevaux de carrière et de manège de l'Ecole d'artillerie montés par des officiers suivant les cours de l'Ecole.

Un steeple-chase militaire de 1re ou de 2e série pourra être réservé aux chevaux de carrière et de manège de l'Ecole de cavalerie à chacune des réunions de courses données sur l'hippodrome de Verrie et à ceux de l'Ecole d'artillerie à certaines réunions de courses données à Fontainebleau.

b) *Cross-country.* — Les cross courus sur les hippodromes de Verrie, Angers, Longué, Seiches, Varrains et Durtal sont ouverts aux chevaux de carrière et de manège inscrits sur les contrôles de l'Ecole de Saumur, montés par des officiers ou aspirants suivant les cours de l'Ecole. Ceux courus sur l'hippodrome de Fontainebleau sont ouverts aux chevaux de carrière et de manège de l'Ecole d'artillerie montés par des officiers ou aspirants suivant les cours de l'Ecole.

D'autre part, des épreuves spéciales, steeple pour officiers et cross pour officiers et aspirants, peuvent être réservées, aux différents hippodromes, aux chevaux de carrière, de manège et d'armes des différentes écoles militaires. L'autorisation nécessaire pour faire courir ces épreuves spéciales est accordée par le Ministre (2e Direction).

Steeple-chase 3e série. — 600 francs (300 francs au premier, 150 francs au second, 100 francs au troisième et 50 francs au quatrième).

Pour sous-officiers de l'armée active montant des chevaux de troupe n'ayant gagné ni 15.000 francs en courses publiques à obstacles, ni trois steeple-chases militaires de 3e série ou de 3e série *bis*, ni un steeple-chase militaire pour officiers, ni un cross-country militaire pour officiers.

Poids : 74 kilogrammes.

Tout gagnant d'un ou de plusieurs steeple-chases militaires de 3ᵉ série ou de 3ᵉ série *bis* portera 2 kilogrammes par course gagnée dans chacune de ces séries. Tout gagnant en courses publiques à obstacles autres que des courses militaires de 2.500 francs portera, en outre, 2 kilogrammes; de 7.500 francs, 4 kilogrammes.

Les chevaux de pur sang anglo-arabe ayant au moins 25 p. 100 de sang arabe recevront 3 kilogrammes; ceux de pur sang anglo-arabe comptant au moins 50 p. 100 de sang arabe, ceux de pur sang arabe, ceux de race barbe et ceux qualifiés de demi-sang, 5 kilogrammes.

Distance : 3.000 mètres environ.

Steeple-chase de 2ᵉ série. — 1.600 francs (1.000 francs au premier, 300 francs et 3/5ᵉˢ des forfaits au second, 200 francs et 2/5ᵉˢ des forfaits au troisième, 100 francs au quatrième).

Pour officiers en activité de service, montant tous chevaux (chevaux d'officiers ou de troupe) appartenant à l'Etat, n'ayant gagné ni trois steeple-chases militaires de 2ᵉ série ou de 2ᵉ série *bis*, ni un steeple-chase militaire de 1ʳᵉ série ou de 1ʳᵉ série *bis*, ni un steeple-chase militaire hors série ou hors série *bis*, ou un cross-country hors série ou hors série *bis*.

Poids : 72 kilogrammes.

Tout gagnant d'un ou de plusieurs steeple-chases militaires de 2ᵉ série ou de 2ᵉ série *bis* portera 2 kilogrammes par course gagnée dans chacune de ces séries. Tout gagnant en courses publiques à obstacles, autres que des courses militaires, de 2.500 francs, portera en outre 2 kilogrammes; de 7.500 francs, 4 kilogrammes; de 15.000 francs, 6 kilogrammes.

Les chevaux de pur sang anglo-arabe ayant au moins 25 p. 100 de sang arabe recevront 3 kilogrammes; ceux de pur sang anglo-arabe comptant au moins 50 p. 100 de sang arabe, ceux de pur sang arabe, ceux de race barbe et ceux qualifiés de demi-sang, 5 kilogrammes.

Distance : 3.500 mètres environ.

Steeple-chase de 1ʳᵉ série. — 2.000 francs (1.200 francs au premier, 400 francs et 3/5ᵉˢ des forfaits au second, 250 francs et 2/5ᵉˢ des forfaits au troisième, 150 francs au quatrième). ·

Pour officiers en activité de service montant tous chevaux (chevaux d'officiers ou de troupe) appartenant à l'Etat et ayant gagné au moins un steeple-chase militaire de 2ᵉ série ou de 2ᵉ série *bis*. Sera exclu tout cheval ayant gagné trois steeple-chases militaires de 1ʳᵉ série ou de 1ʳᵉ série *bis* ou un steeple-chase militaire hors série ou hors série *bis*, ou un cross-country militaire hors série ou hors série *bis*.

Poids : 72 kilogrammes.

Tout gagnant d'un ou de plusieurs steeple-chases militaires de 1re série ou de 1re série *bis* portera 2 kilogrammes par course gagnée dans chacune de ces séries. Tout gagnant en courses publiques à obstacles, autres que des courses militaires, de 2.500 francs, portera en outre 2 kilogrammes; de 7.500 francs, 4 kilogrammes; de 15.000 francs, 6 kilogrammes.

Les chevaux de pur sang anglo-arabe ayant au moins 25 p. 100 de sang arabe recevront 3 kilogrammes; ceux de pur sang anglo-arabe comptant au moins 50 p. 100 de sang arabe, ceux de pur sang arabe, ceux de race barbe et ceux qualifiés de demi-sang, 5 kilogrammes.

Distance : 4.000 mètres environ.

Steeple-chase hors série. — Minimum, 5.000 francs (3.500 francs au premier, 750 francs et 3/5es des forfaits au second, 500 francs et 2/5es des forfaits au troisième, 250 francs au quatrième).

Maximum, 8.750 francs (7.000 francs au premier, 1.000 francs et 3/5es des forfaits au second, 500 francs et 2/5es des forfaits au troisième, 250 francs au quatrième).

Pour officiers en activité de service montant tous chevaux (chevaux d'officiers ou de troupe) appartenant à l'Etat et ayant gagné, au moins, soit deux steeple-chases pour officiers, soit deux cross-country militaires pour officiers, soit un cross-country militaire hors série ou hors série *bis*.

Poids : 72 kilogrammes.

Tout gagnant en courses publiques à obstacles, autres que des courses militaires, de 2.500 francs portera 2 kilogrammes; de 750 francs, 4 kilogrammes; de 15.000 francs, 6 kilogrammes.

Tout gagnant d'un steeple-chase militaire hors série portera, en outre, 3 kilogrammes.

Les chevaux de pur sang anglo-arabe ayant au moins 25 p. 100 de sang arabe recevront 3 kilogrammes; ceux de pur sang anglo-arabe comptant au moins 50 p. 100 de sang arabe, ceux de pur sang arabe, ceux de race barbe et ceux qualifiés de demi-sang, 5 kilogrammes.

Distance : de 4.000 à 4.500 mètres environ.

CROSS-COUNTRY.

Article 18. Les cross-country militaires ont été institués pour encourager l'élevage du cheval de selle. Dans ce but, une prime (1) est attribuée à chacun des naisseurs des chevaux placés 1er, 2e, 3e, et 4e dans une épreuve de ce genre.

Catégorie A.

Pour chevaux de 7 ans et au-dessus nés en France, qualifiés de demi-sang (à l'exclusion des chevaux qualifiés anglo-arabes) (2), comptant dans leur pedigree au moins un auteur de pur sang (anglais ou anglo-arabe) dans leurs six ascendants directs, et ne devant pas avoir gagné de courses publiques à obstacles, autres que des courses militaires (steeple et cross), des cross-country civils ou des courses exclusivement réservées à des chevaux de demi-sang.

Cross-country 3e série. — 600 francs (300 francs au premier, 150 francs au second, 100 francs au troisième, 50 francs au quatrième).

Pour sous-officiers de l'armée active, montant tous chevaux de troupe de la catégorie A appartenant à l'Etat, et n'ayant gagné ni trois cross-country militaires de 3e série, ou de 3e série *bis*, ni un cross-country pour officiers, ni un steeple-chase militaire pour officiers.

Poids : 74 kilogrammes.

Tout gagnant en cross civils de 2.500 francs ou en courses exclusivement réservées à des chevaux de demi-sang portera 2 kilogrammes; de 7.500 francs, 4 kilogrammes; de 15.000 francs, 6 kilogrammes.

Tout gagnant d'un ou plusieurs cross-country militaires de 3e série portera, en outre, 2 kilogrammes par course gagnée.

Distance : 4.000 mètres environ.

Cross-country 2e série. — 1.600 francs (1.000 francs au premier, 300 francs et 3/5es des forfaits au second, 200 francs et 2/5es des forfaits au troisième, 100 francs au quatrième).

Pour officiers de l'armée active montant tous chevaux de la catégorie A appartenant à l'Etat et n'ayant gagné ni trois cross-country militaires de 2e série, ou de 2e série *bis*, ni un cross-

---

(1) Le minimum de cette prime sera de 100 francs pour le naisseur du gagnant, 50 francs pour le naisseur du cheval classé second.

(2) Sont qualifiés anglo-arabes tous chevaux ayant au moins 25 p. 100 de sang arabe.

country militaire de 1ʳᵉ série ou de 1ʳᵉ série *bis*, ni un cross-country militaire hors série, ou hors série *bis*, ni un steeple-chase militaire hors série ou hors série *bis*.

Poids : 74 kilogrammes.

Tout gagnant en cross civils ou en courses exclusivement réservées à des chevaux de demi-sang, de 2.500 francs, portera 2 kilogrammes; de 7.500 francs, 4 kilogrammes; de 15.000 fr., 6 kilogrammes.

Tout gagnant d'un ou plusieurs cross-country militaires de 2ᵉ série ou de 2ᵉ série *bis* portera, en outre, 2 kilogrammes par cross gagné.

Distance : 4.500 mètres environ.

Cross-country 1ʳᵉ série. — 2.000 francs (1.200 francs au premier, 400 francs et 3/5ᵉˢ des forfaits au second, 250 francs et 2/5ᵉˢ des forfaits au troisième, 150 francs au quatrième).

Pour officiers de l'armée active montant tous chevaux de la catégorie A appartenant à l'Etat et ayant gagné au moins un cross-country militaire de 2ᵉ série, ou de 2ᵉ série *bis*, ou un steeple-chase militaire de 2ᵉ série, ou de 2ᵉ série *bis*. Sera exclu tout cheval ayant gagné trois cross-country militaires de 1ʳᵉ série, ou de 1ʳᵉ série *bis*, ou un cross-country militaire hors série ou hors série *bis*, ou un steeple-chase militaire hors série ou hors série *bis*.

Poids : 74 kilogrammes.

Tout gagnant en cross civils ou en courses exclusivement réservées à des chevaux de demi-sang, de 2.500 francs, portera 2 kilogrammes; de 7.500 francs, 4 kilogrammes; de 15.000 fr., 6 kilogrammes.

Tout gagnant d'un ou plusieurs cross-country militaires de 1ʳᵉ série portera, en outre, 2 kilogrammes par cross gagné.

Distance : 5.000 mètres environ.

Catégorie B.

Pour chevaux nés en France (pur sang 5 ans et au-dessus, demi-sang 7 ans et au-dessus). Ces chevaux devront être, soit de pur-sang arabe ou anglo-arabe, soit de demi-sang anglo-arabe et ne devront pas avoir gagné de courses publiques à obstacles, autres que des courses militaires, steeple et cross, des cross-country civils ou des courses exclusivement réservées à des chevaux de demi-sang.

Mêmes conditions pour les 3ᵉ, 2ᵉ, 1ʳᵉ séries de la catégorie B que pour la catégorie A, sauf en ce qui concerne les poids qui

seront les suivants : chevaux de demi-sang anglo-arabes et chevaux ayant au moins 50 p. 100 de sang arabe : 72 kilogrammes;
chevaux ayant moins de 50 p. 100 de sang arabe : 73 kilogrammes.

Cross-country hors série (catégories A et B). — Minimum :
5.000 francs (3.500 francs au premier, 750 francs et 3/5es des forfaits au second; 500 francs et 2/5es des forfaits au troisième;
250 francs au quatrième).

Maximum : 8.750 francs (7.000 francs au premier, 1.000 fr.
et 3/5es des forfaits au second, 500 francs et 2/5es des forfaits
au troisième, 250 francs au quatrième).

Pour officiers de l'armée active montant tous chevaux des
catégories A ou B appartenant à l'Etat et ayant gagné au moins
deux cross-country pour officiers, ou deux steeple-chases pour officiers, ou un steeple-chase pour officiers et un cross-country
pour officiers. Sera exclu tout cheval ayant gagné un cross-country militaire hors série, ou hors série *bis*, ou un steeple-chase
militaire hors série, ou hors série *bis*.

Tout gagnant en cross civils ou en courses exclusivement réservées à des chevaux de demi-sang, de 2.500 francs, portera
2 kilogrammes; de 7.500 francs, 4 kilogrammes; de 15.000 fr.,
6 kilogrammes.

Distance : de 5.500 à 6.000 mètres environ.

Conditions spéciales à l'Algérie-Tunisie.

Article 19. En *Algérie-Tunisie*, les courses militaires comprennent, en outre, des steeple-chases de 3e série *bis*, de 2e série *bis*,
de 1re série *bis*, de hors série *bis* et, éventuellement, des cross-
country *bis*.

Sont admis à ces courses les chevaux dont les certificats d'inscription au Stud-Book algérien ou les papiers d'origine (certificats de naissance) établissent qu'ils sont de race barbe ou arabe,
ou issus du croisement de ces deux races entre elles à un degré
quelconque, ou dérivés de ces deux races par un croisement
avec le pur sang anglais, à la condition que ces derniers produits ne possèdent pas plus de 50 p. 100 de sang anglais, les
anglo-arabes-barbes devant justifier, en outre, d'un minimum
de 25 p. 100 de sang barbe.

Afin d'éviter toute substitution de papiers et toute discussion
ultérieure au sujet de la qualification des chevaux, les chevaux
achetés par un comité de dépôt de remonte ou par une com-

mission de remonte de corps devront être, *au moment de l'achat*, l'objet des formalités ci-après :

a) Inscription sur le certificat de naissance à l'encre rouge du numéro matricule donné par le dépôt de remonte ou par le corps acheteur.

« N° d'inscription au registre m^le du { corps *ou* dépôt } acheteur. »

b) Inscription aux livrets matricule et d'infirmerie du cheval muni de papiers, à la page 1 du livret matricule et au verso de la couverture du livret d'infirmerie, à la suite du signalement, de la mention, à l'encre rouge :

« Qualifié pour les courses militaires comme..... »

en indiquant la catégorie
{
Barbe.
Arabe-barbe.
Pur sang arabe.
Anglo-barbe.
Anglo-arabe-barbe.
}

Pour les chevaux déjà incorporés, ces inscriptions seront faites par la commission de remonte du corps, après examen des papiers d'origine de tous les chevaux en possédant.

Steeple-chase de 3ᵉ série bis. — 600 francs (300 francs au premier, 150 francs au second, 100 francs au troisième, 50 francs au quatrième).

Pour sous-officiers de l'armée active montant des chevaux de troupe dont les papiers d'origine établissent qu'ils sont de race :

Barbe.
Arabe-barbe.
Pur sang arabe.

Anglo-barbe...........
Anglo-arabe-barbe......
{
N'ayant pas plus de 50 p. 100 de sang anglais; l'anglo-arabe-barbe devant en outre justifier d'un minimum de 25 p. 100 de sang barbe,
}

à la condition que ces chevaux soient nés et élevés en Algérie-Tunisie et n'aient gagné ni 15.000 francs en courses publiques à obstacles, ni trois steeple-chases militaires de 3ᵉ série ou de 3ᵉ série *bis*, ni un steeple-chase militaire pour officiers.

Poids...............
{
Barbes............ 70 kilogr.
Arabes-barbes. ... 72 —
Autres catégories. .. 74 —
}

Tout gagnant en courses publiques à obstacles autres que des courses militaires, de 2.500 francs, portera 2 kilogrammes; de 7.500 francs, 4 kilogrammes.

Tout gagnant d'un ou de plusieurs steeple-chases militaires de 3e série ou de 3e série *bis* portera, en outre, 2 kilogrammes par course gagnée dans cette série.

Distance : 3.000 mètres environ.

Les sous-officiers peuvent participer aux réunions de courses ayant lieu dans un rayon de 120 kilomètres de leur garnison (article 14).

En outre, sur demande adressée à M. le Général commandant la cavalerie d'Algérie ou la division d'occupation de Tunisie, ils pourront être autorisés à prendre part aux épreuves disputées en un point quelconque *de la province* dans laquelle ils tiennent garnison.

Steeple-chase de 2e série bis. — 1.600 francs (1.000 francs au premier, 300 francs et 3/5es des forfaits au second, 200 francs et 2/5es des forfaits au troisième, 100 francs au quatrième).

Pour officiers en activité de service, montant des chevaux (chevaux d'officiers ou de troupe) appartenant à l'Etat et dont les papiers d'origine établissent qu'ils sont de race :

Barbe.
Arabe-barbe.
Pur sang arabe.

Anglo-barbe...........⎫ N'ayant pas plus de 50 p. 100 de sang
Anglo-arabe-barbe.....⎬ anglais; l'anglo-arabe-barbe devant
⎭ en outre justifier d'un minimum de 25 p. 100 de sang barbe,

à la condition que ces chevaux soient nés et élevés en Algérie-Tunisie, et n'aient gagné ni trois steeple-chases militaires de 2e série ou de 2e série *bis*, ni un steeple-chase militaire de 1re série ou de 1re série *bis*, ni un steeple-chase militaire hors série ou hors série *bis*.

Poids...........⎧ Barbes............ 70 kilogr.
⎨ Arabes-barbes. . . . 72   —
⎩ Autres catégories. . . 74   —

Tout gagnant en courses publiques à obstacles autres que des courses militaires, de 2.500 francs, portera 2 kilogrammes; de 7.500 francs, 4 kilogrammes; de 15.000 francs, 6 kilogrammes.

Tout gagnant d'un ou de plusieurs steeple-chases militaires

de 2ᵉ série ou de 2ᵉ série *bis* portera, en outre, 2 kilogrammes par course gagnée dans chacune de ces séries.

Distance : 3.500 mètres environ.

Steeple-chase de 1ʳᵉ série bis. — 2.000 francs (1.200 francs au premier, 400 francs et 3/5ᵉˢ des forfaits au second, 250 francs et 2/5ᵉˢ des forfaits au troisième, 150 francs au quatrième).

Pour officiers en activité de service, montant tous chevaux (chevaux d'officiers ou de troupe), appartenant à l'Etat, ayant gagné au moins un steeple-chase militaire de 2ᵉ série *bis* et dont les papiers d'origine établissent qu'ils sont de race :

Barbe.

Arabe-barbe.

Pur sang arabe.

Anglo-barbe..........)
Anglo-arabe-barbe......)
N'ayant pas plus de 50 p. 100 de sang anglais; l'anglo-arabe-barbe devant en outre justifier d'un minimum de 25 p. 100 de sang barbe,

à la condition que ces chevaux soient nés et élevés en Algérie-Tunisie, et n'aient gagné ni trois steeple-chases militaires de 1ʳᵉ série ou de 1ʳᵉ série *bis*, ni un steeple-chase militaire hors série ou hors série *bis*.

Poids..........
{ Barbes............ 70 kilogr.
{ Arabes-barbes. . . . 72 —
{ Autres catégories. . . 74 —

Tout gagnant en courses publiques à obstacles autres que des courses militaires, de 2.500 francs, portera 2 kilogrammes, de 7.500 francs, 4 kilogrammes; de 15.000 francs, 6 kilogrammes.

Tout gagnant d'un ou de plusieurs steeple-chases militaires de 1ʳᵉ série ou de 1ʳᵉ série *bis* portera, en outre, 2 kilogrammes par courses gagnée dans chacune de ces séries.

Distance : 4.000 mètres environ.

Steeple-chase hors série bis. — Minimum : 5.000 francs (3.500 francs au premier, 750 francs et 3/5ᵉˢ des forfaits au second, 500 francs et 2/5ᵉˢ des forfaits au troisième, 250 francs au quatrième).

Maximum : 8.750 francs (7.000 francs au premier, 1.000 fr. et 3/5ᵉˢ des forfaits au second, 500 francs et 2/5ᵉˢ des forfaits au troisième, 250 francs au quatrième).

Pour officiers en activité de service, montant tous chevaux (chevaux d'officiers ou de troupe) appartenant à l'Etat, et ayant

gagné au moins deux steeple-chases de série *bis* pour officiers
et dont les papiers d'origine établissement qu'ils sont de race :
Barbe,
Anglo-barbe,
Pur sang arabe,

Anglo-barbe.......... ⎰ N'ayant pas plus de 50 p. 100 de sang
Anglo-arabe-barbe...... ⎱ anglais, l'anglo-arabe-barbe devant, en outre, justifier d'un minimum de 25 p. 100 de sang barbe.

à la condition que ces chevaux soient nés et élevés en Algérie-
Tunisie, et n'aient pas gagné de steeple-chase militaire hors
série ou hors série *bis*.

Poids.......... ⎰ Barbes. . ... 70 kilogr.
⎱ Arabes-barbes. . ... 72 —
Autres catégories. . ... 74 —

Tout gagnant en courses publiques à obstacles autres que des
courses militaires, de 2.500 francs, portera 2 kilogrammes; de
7.500 francs, 4 kilogrammes; de 15.000 francs, 6 kilogrammes.

Distance : 4.000 mètres environ.

Les sociétés de courses peuvent à leur gré comprendre dans
leurs programmes, soit des steeple-chases militaires de 1re, 2e
et 3e séries ouverts aux chevaux de toutes races, soit des steeple-
chases militaires hors série *bis*, de 1re, 2e et 3e série *bis*, ouverts
aux seuls chevaux de race barbe, arabe ou croisé barbe.

TITRE VI.

Article 20. Le code des steeple-chases et le règlement de la
Société des steeple-chases de France ont été adoptés pour les
courses militaires à obstacles.

Les courses plates militaires qui seraient éventuellement auto-
risées seront régies par le code des courses et le règlement de la
Société d'encouragement pour l'amélioration des races de chevaux en France.

Article 21. La présente instruction abroge toutes les dispositions antérieures sur les courses militaires. Elle entrera en vi-
gueur à la date du 1er février 1922 (1).

---

(1) Tout cross-country militaire gagné en 1re ou en 2e catégorie (officiers)
comptera pour un cross-country militaire de 2e série.

Tout cross-country militaire hors catégorie gagné antérieurement au
1er janvier 1920 comptera pour un cross-country militaire de 1re série.

Tout cross-country militaire hors catégorie, gagné depuis le 1er janvier
1920, comptera pour un cross-country militaire hors série.

*CORPS D'ARMÉE.

* DIVISION.   * RÉGIMENT DE

* BRIGADE.

DEMANDE D'AUTORISATION { d'engagement / de participation }

NOMS des OFFICIERS.	GRA-DES.	CHEVAUX.				PERFORMANCES.	ÉPREUVES pour lesquelles est demandée l'autorisa-tion.	AVIS DU COLONEL.	OBSERVA-TIONS des AUTORITÉS hiérarchi-ques s'il y a lieu.
		NOMS.	AGE.	ORIGINES	TITRES auxquels les chevaux sont détenus.				

A   . le   192

Le Chef de corps ou *de service,*

MODÈLE Nº 2.

PROCÈS-VERBAL du (1)

couru à   , le

Commissaire militaire, M. (2)

Nº D'ORDRE d'arrivée	NOMS DES CHEVAUX partis.	NOMS DES PROPRIÉTAIRES et leur affectation.	NOMS ET AFFECTATION des officiers ayant monté les chevaux.	OBSERVATIONS.

OBSERVATIONS

Incidents de la course :
Tenue des ordonnances, des chevaux :
Organisation du service sanitaire, vétérinaire, etc. :

Distance entre { 1er et 2e : / 2o et 3e : / 3o et 4e :

Fait à   , le

Le Commissaire militaire,

NOTA. — A envoyer au Ministre de la guerre (Direction de la Cavalerie, Cabinet)
par la voie hiérarchique, le lendemain de chaque jour de course.

(1) Cross-country ou steeple-chase militaire de   série.
(2) Nom, grade, corps,

CORPS D'ARMÉE.

e DIVISION

BRIGADE.

RÉGIMENT DE

MODÈLE N° 3.

Pièce destinée à la Société des steeple-chases de France.

ÉTAT NOMINATIF d'un cheval engagé par M. [1]
et autorisé à prendre part au [2]
qui sera couru à , *le*

NOM DU CHEVAL.	SEXE.	ROBE.	AGE.	ORIGINES.

À , le 192 .

Le Chef de corps ou de service,

---

(1) Nom et grade.
(2) Cross-country ou steeple-chase militaire de série

° RÉGIMENT DE

MODÈLE N° 3 *bis.*

Cette pièce, destinée à la Société des steeple-chases de France, doit être rédigée sur un quart de feuille de papier écolier.

ÉTAT NOMINATIF d'un cheval engagé par M. [1]
autorisé à prendre part au [2]
qui sera couru à   *, le*

NOM DU CHEVAL.	ORIGINES.

A   , le   192 .

Le Chef de corps ou de service,

---

(1) Nom et grade.
(2) Cross-country ou steeple-chase militaire de   série.

PARIS, 124, BOUL. St-GERMAIN, ET LIMOGES. — IMP. MILITAIRE CHARLES-LAVAUZELLE ET Cie